Und so geht's:

Das Beispiel auf dieser Seite zeigt, wie du mit miniLÜK spielst.

Öffne das miniLÜK®-Lösungsgerät und lege den durchsichtigen Boden des Lösungsgerätes auf die untere Übungsseite deines miniLÜK-Heftes. Nimm Plättchen 1 und sieh dir Aufgabe 1 an.

Dort siehst du eine gelbe Form, die du in grün auf der unteren Seite in Feld 9 wiederfindest. Lege Plättchen 1 auf die grüne Form in Feld 9.
So spielst du weiter, bis alle 12 Plättchen auf dem durchsichtigen Teil des Lösungsgerätes liegen und keine Bilder mehr zu sehen sind.

Dann schließt du das Lösungsgerät und drehst es um. Wenn du das bei der Übung abgebildete Muster siehst, hast du alles richtig gemacht.

Passen einige Plättchen nicht in das Muster, löst du diese Übungen noch einmal. Stimmt es jetzt?

Und nun viel Spaß!

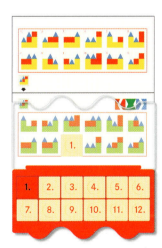

Wo ist der gleiche Buchstabe?

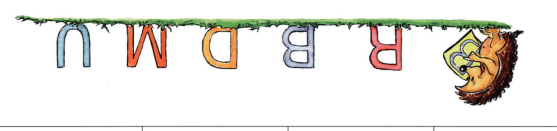

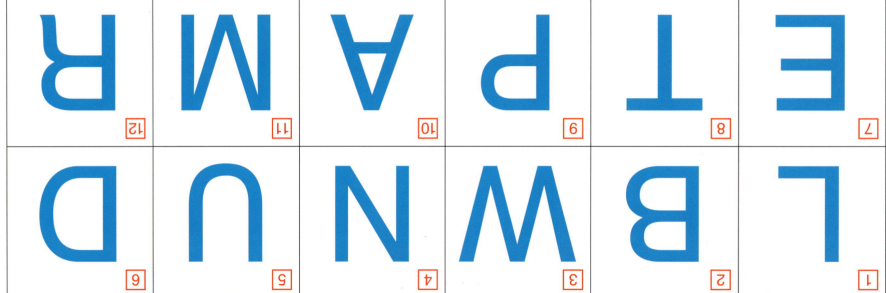

L					
1 T	2 R	3 M	4 U	5 A	6 E
7 B	8 D	9 P	10 W	11 L	12 N

Große und kleine Buchstaben – Ordne richtig zu!

4

1 R	**2** M	**3** A
4 P	**5** T	**6** E
7 D	**8** U	**9** N
10 W	**11** B	**12** L

R

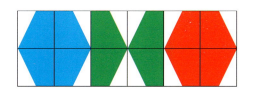

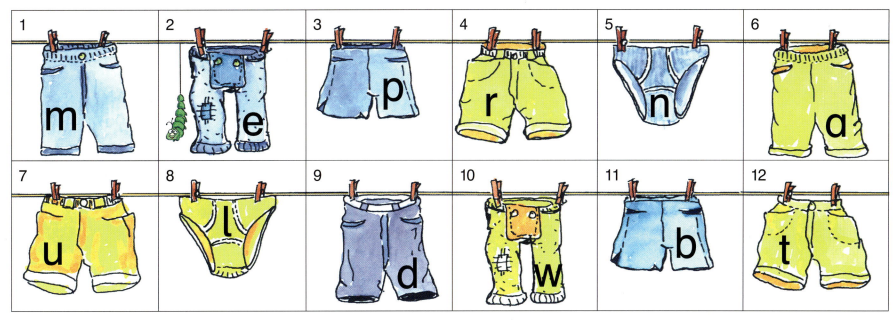

Welcher Buchstabe ist anders?

1	2	3	4	5	6
G G	V K	T T	S G	I I	C T
G O	K K	Z T	S S	K I	C C

7	8	9	10	11	12
H S	J J	C Q	O O	J V	Z Z
H H	J I	Q Q	H O	V V	Z Q

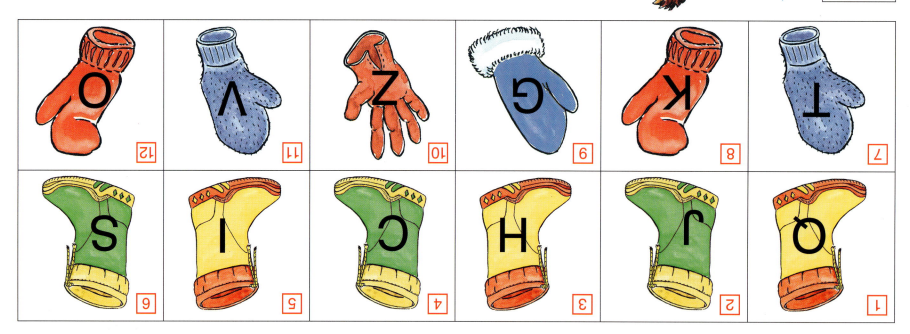

Finde das richtige Gegenstück!

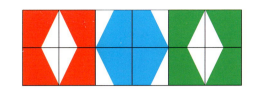
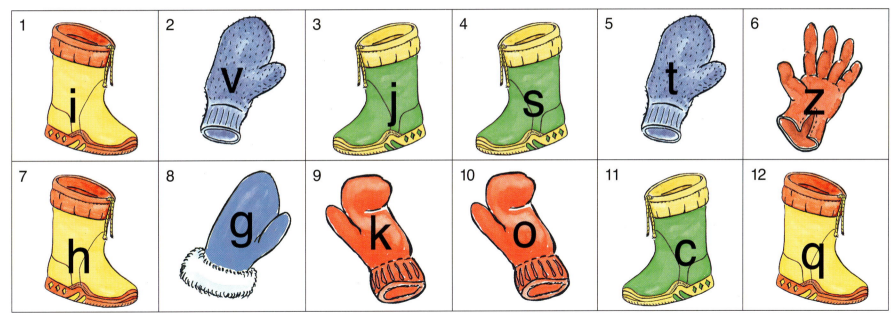

Finde den mittleren Buchstaben!

10

1 Bus	2 Tor	3 Rad	4 Uwe	5 Reh	6 Opa
7 Ohr	8 Ast	9 Oma	10 Axt	11 Elf	12 Tür

Bus

u

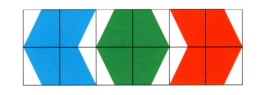

1	2	3	4	5	6
o	ü	u	w	l	a

7	8	9	10	11	12
s	p	x	h	m	e

Welches Wort steht nur einmal da?

12

1	2	3
Tube Tube Turm Tube	Käse Käse Kamm Käse	Bild Bild Bild Bett

4	5	6
Sand Sand Salz Sand	Hose Herz Hose Hose	Zahl Zaun Zaun Zaun

7	8	9
Herz Herz Herz Hose	Bett Bild Bett Bett	Zahl Zahl Zaun Zahl

10	11	12
Käse Kamm Kamm Kamm	Salz Sand Salz Salz	Turm Tube Turm Turm

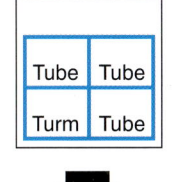

Lesepuzzle

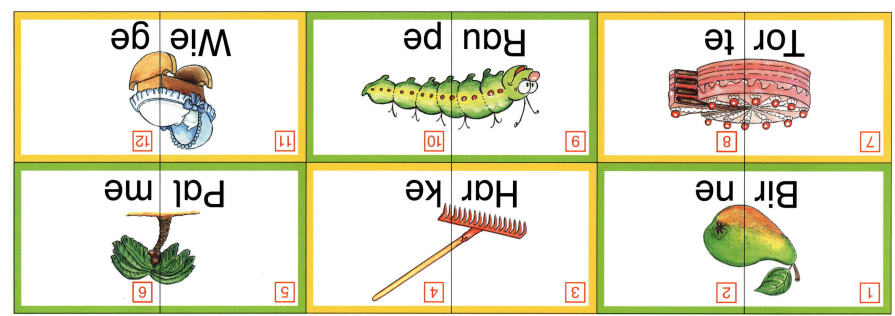

Bir

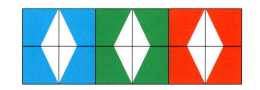

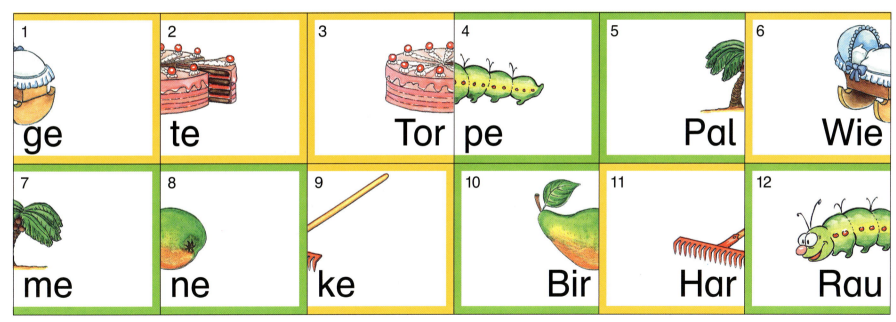

Mit welchem Laut beginnt das Wort?

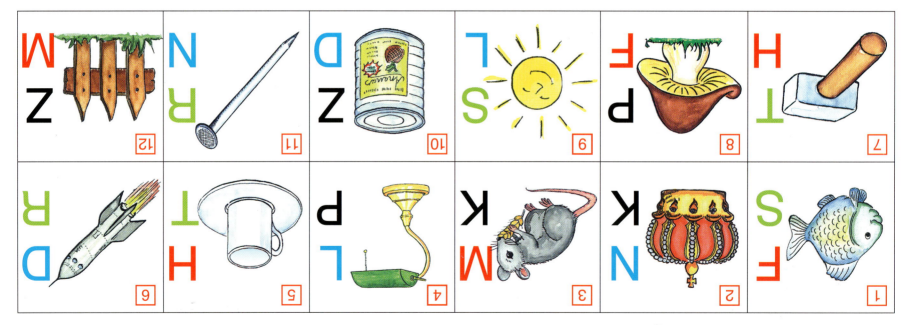

1 S	2 T	3 Z	4 P	5 D	6 L
7 N	8 M	9 R	10 K	11 F	12 H

Beginnt das Wort mit K, ja 😊 oder nein ☹?

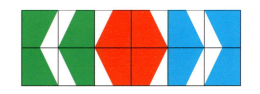

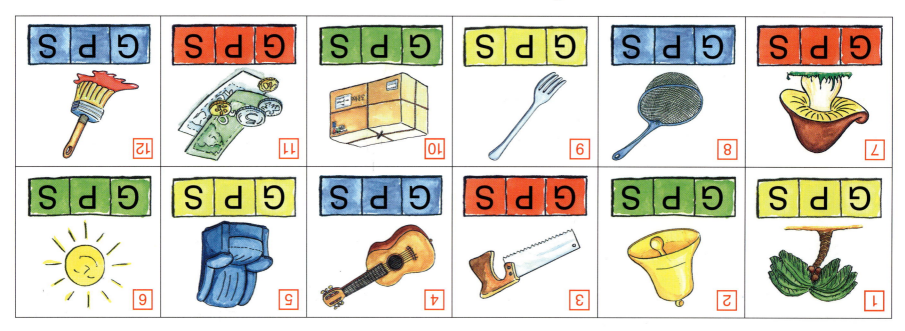

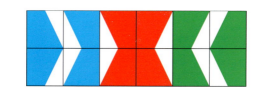
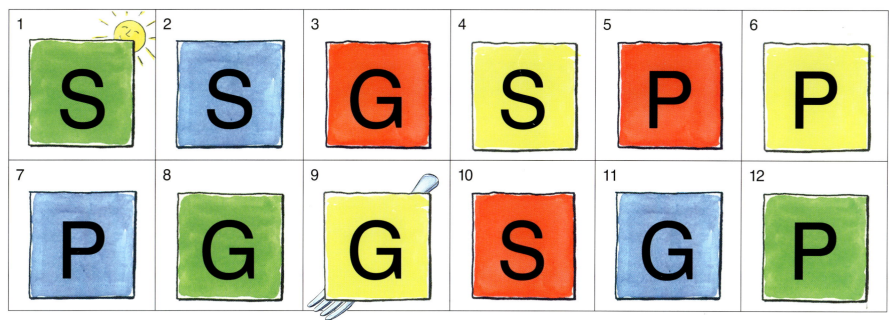

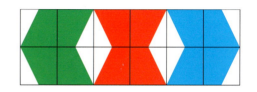

Und jetzt: Leseleichte Wörter

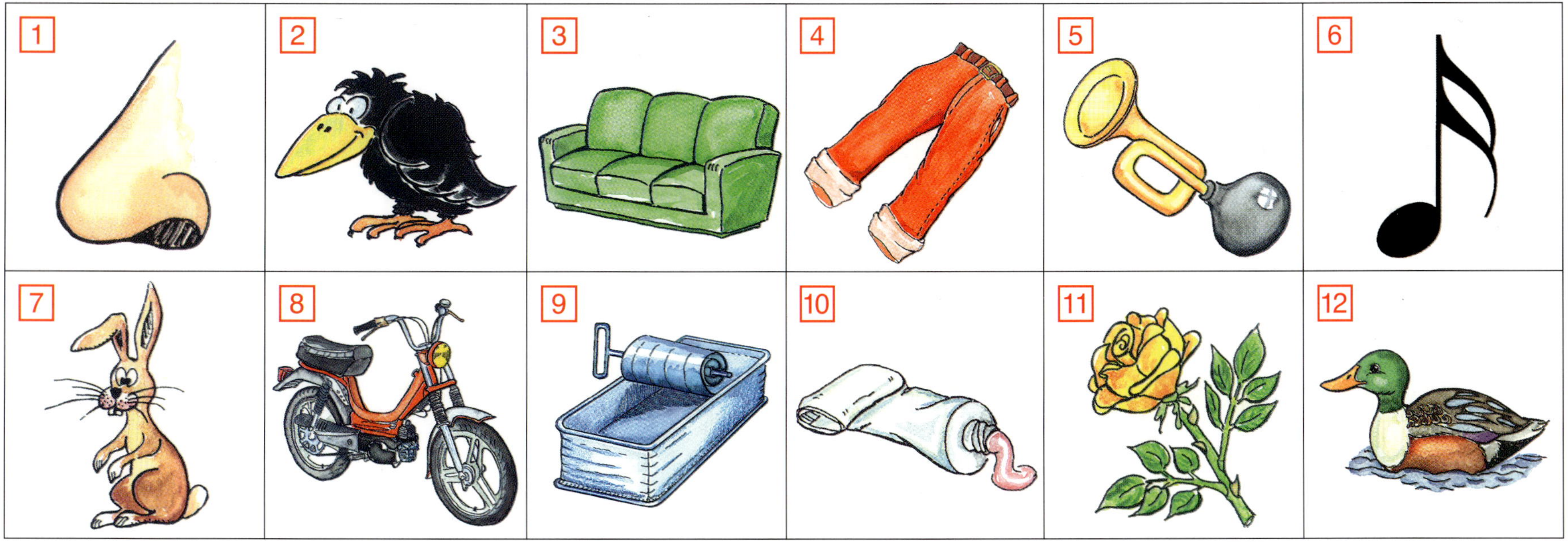

24

1	2	3	4	5	6
7	8	9	10	11	12

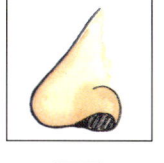

Nase Dose Tube Ente